The Dragon Friendship And Other Bilingual Polish-English Stories for Kids

Pomme Bilingual

Published by Pomme Bilingual, 2024.

THE DRAGON FRIENDSHIP AND OTHER BILINGUAL POLISH-ENGLISH STORIES FOR KIDS

First edition. July 7, 2024.

Copyright © 2024 Pomme Bilingual.

ISBN: 979-8227874276

Written by Pomme Bilingual.

Table of Contents

Wielka Przygoda Misia Maksa i Żółwia Zenona

W środku lasu, gdzie drzewa sięgają chmur, a kwiaty tańczą na wietrze, mieszkał miś o imieniu Maks. Maks był znany w całym lesie nie tylko z powodu swojej ogromnej postury, ale również ze względu na swoje złote serce i nieograniczoną ciekawość świata.

Pewnego słonecznego dnia, Maks wybrał się na spacer w głąb lasu. Przechadzając się między drzewami, zauważył coś niezwykłego – mały żółw próbujący wspiąć się na ogromny kamień.

– Hej, mały, potrzebujesz pomocy? – zapytał Maks, schylając się nisko, aby lepiej widzieć żółwia.

Żółw podniósł głowę i spojrzał na niego zaskoczony. Miał na imię Zenon i choć był mały, to w jego oczach błyszczał duch wielkiego odkrywcy.

– Oczywiście, że nie potrzebuję! – odpowiedział Zenon, ale po chwili dodał – No może trochę...

Maks delikatnie wziął Zenona na swoje ogromne łapy i umieścił go na kamieniu.

– Nazywam się Maks. A ty?

– Jestem Zenon, największy odkrywca wśród żółwi! – odpowiedział z dumą Zenon.

Od tego dnia, Maks i Zenon stali się nierozłącznymi przyjaciółmi. Każdego dnia ruszali na nowe przygody, odkrywając tajemnice lasu.

Pewnego dnia, gdy słońce zaczęło zachodzić, przyjaciele zauważyli coś błyszczącego w gęstwinie. Zbliżyli się ostrożnie i odkryli starą mapę. Była to mapa prowadząca do skarbu ukrytego głęboko w lesie.

– To jest to! Nasza wielka przygoda! – krzyknął Zenon, nie mogąc ukryć ekscytacji.

– Zgadzam się! – odpowiedział Maks. – Ale musimy być ostrożni. Las jest pełen niespodzianek.

Maks i Zenon zaczęli swoją wyprawę następnego ranka. Mapa prowadziła ich przez rwące rzeki, ciemne jaskinie i gęste zarośla. Każdy krok był pełen niebezpieczeństw, ale przyjaciele wspierali się nawzajem i nigdy się nie poddawali.

– Patrz, Maks! – zawołał Zenon. – To musi być to miejsce!

Przed nimi, pośród starodrzewów, stała ogromna skrzynia. Była pokryta mchem i liśćmi, ale wciąż lśniła w promieniach słońca.

– Otwórzmy ją razem! – zaproponował Maks.

Przyjaciele chwycili wieko skrzyni i otworzyli ją z wielkim trudem. Wewnątrz znajdowały się nie tylko złote monety i klejnoty, ale również stary, zakurzony dziennik.

Zenon szybko przeglądał strony dziennika. Był to pamiętnik dawnego odkrywcy, który opisał swoje przygody i skarby, które znalazł w lesie.

– To niesamowite! – powiedział Zenon. – Możemy nauczyć się tyle nowych rzeczy!

– I możemy podzielić się tym skarbem z naszymi przyjaciółmi! – dodał Maks.

I tak, Maks i Zenon wrócili do swojego domu, bogatsi nie tylko o skarb, ale również o wiedzę i nowe doświadczenia. Dzielili się swoimi odkryciami z innymi mieszkańcami lasu, inspirując ich do własnych przygód.

The Great Adventure of Max the Bear and Zenon the Turtle

In the heart of the forest, where the trees touch the sky and flowers dance in the breeze, lived a bear named Max. Max was known throughout the forest not only for his enormous stature but also for his golden heart and boundless curiosity.

One sunny day, Max set out for a walk deep into the forest. As he strolled among the trees, he noticed something unusual – a small turtle trying to climb a huge rock.

"Hey, little one, need some help?" Max asked, bending low to get a better look at the turtle.

The turtle lifted his head and looked at him in surprise. His name was Zenon, and although he was small, there was a sparkle of a great explorer in his eyes.

"Of course not!" replied Zenon, but after a moment added, "Well, maybe just a bit..."

Max gently took Zenon into his huge paws and placed him on the rock.

"My name is Max. And you?"

"I'm Zenon, the greatest explorer among turtles!" Zenon replied proudly.

From that day on, Max and Zenon became inseparable friends. Every day, they embarked on new adventures, discovering the mysteries of the forest.

One day, as the sun was setting, the friends noticed something shiny in the undergrowth. They approached cautiously and discovered an old map. It was a map leading to a treasure hidden deep in the forest.

"This is it! Our great adventure!" shouted Zenon, unable to contain his excitement.

"I agree!" replied Max. "But we must be careful. The forest is full of surprises."

Max and Zenon began their quest the next morning. The map led them through rushing rivers, dark caves, and dense thickets. Every step was full of dangers, but the friends supported each other and never gave up.

"Look, Max!" called Zenon. "This must be the place!"

In front of them, among the ancient trees, stood a huge chest. It was covered in moss and leaves, but it still shone in the sunlight.

"Let's open it together!" suggested Max.

The friends grabbed the lid of the chest and opened it with great effort. Inside were not only gold coins and jewels but also an old, dusty journal.

Zenon quickly flipped through the pages of the journal. It was the diary of an ancient explorer who described his adventures and the treasures he found in the forest.

"This is amazing!" said Zenon. "We can learn so many new things!"

"And we can share this treasure with our friends!" added Max.

And so, Max and Zenon returned home, richer not only with treasure but also with knowledge and new experiences. They shared their discoveries with other forest dwellers, inspiring them to embark on their own adventures.

Nieoczekiwana Misja Królika Filipa i Jeża Jerzego

Filip był najzabawniejszym królikiem w całym lesie. Zawsze skakał wesoło po łące, żartując i rozśmieszając swoich przyjaciół. Jednak pewnego dnia jego spokojne życie miało się zmienić na zawsze.

Był piękny, słoneczny poranek. Filip właśnie skończył jeść swoje ulubione marchewki, kiedy usłyszał delikatny szelest w krzakach. Wychylił się, by zobaczyć, co się dzieje, i zobaczył swojego najlepszego przyjaciela – jeża Jerzego.

– Hej, Jerzy! Co u ciebie? – zawołał Filip.

Jerzy miał zmartwioną minę i szybko podbiegł do Filipa.

– Filip, muszę ci coś pokazać – powiedział Jerzy, wyciągając z kieszeni mały, srebrny klucz.

Filip z zainteresowaniem przyjrzał się kluczowi.

– Co to za klucz, Jerzy? – zapytał, obracając go w łapkach.

– To nie jest zwykły klucz – odpowiedział Jerzy tajemniczo. – Znalazłem go w starym dębie przy rzece. Wydaje mi się, że otwiera coś bardzo ważnego.

Filip poczuł, że jego serce zaczyna bić szybciej. Tajemnicze przygody były czymś, co zawsze go ekscytowało.

– Musimy to sprawdzić! – zawołał, podskakując z radości.

Jerzy tylko pokiwał głową. Był nieco bardziej ostrożny niż Filip, ale wiedział, że ta przygoda może być czymś wyjątkowym.

Następnego ranka Filip i Jerzy ruszyli w stronę starego dębu. Droga była długa i pełna przeszkód, ale przyjaciele wspierali się nawzajem i nie poddawali się.

Kiedy w końcu dotarli na miejsce, zobaczyli starą, drewnianą skrzynię ukrytą w korzeniach drzewa.

– To musi być to! – szepnął Jerzy, podając Filipowi klucz.

Filip z drżącymi łapkami włożył klucz do zamka i przekręcił go. Skrzynia otworzyła się z cichym skrzypieniem.

Wewnątrz skrzyni znajdowały się starannie złożone mapy, stare dokumenty i coś, co wyglądało jak... jajo?

– Co to jest? – zapytał zdumiony Filip, biorąc jajo do łapek.

Jerzy przejrzał dokumenty i szybko znalazł odpowiedź.

– To jajo jest magiczne – wyjaśnił. – Zgodnie z tymi zapisami, wykluje się z niego wyjątkowe stworzenie, które będzie potrzebować naszej pomocy, aby odnaleźć swoje miejsce w świecie.

Filip poczuł, że przygoda dopiero się zaczyna. Razem z Jerzym postanowili wrócić do domu i zająć się jajem.

Przez następne dni Filip i Jerzy starannie opiekowali się jajem. Tworzyli dla niego ciepłe gniazdko i dbali, aby zawsze było bezpieczne.

Pewnego wieczoru, kiedy siedzieli przy ognisku, usłyszeli delikatne trzaski. Jajo zaczęło pękać, a po chwili wykluło się małe, kolorowe stworzenie. Miało skrzydła motyla, łapki jak ptaszek i oczy błyszczące niczym gwiazdy.

– Witaj na świecie! – zawołał Filip z radością.

Nowy przyjaciel, nazwany przez Filipa i Jerzego Tęczusiem, szybko stał się częścią ich małej rodziny. Był ciekawski i pełen energii, zawsze gotowy na nowe przygody.

Pewnego dnia Tęczuś podszedł do Filipa i Jerzego z poważną miną.

– Czuję, że muszę odnaleźć swoje prawdziwe miejsce w świecie – powiedział. – Ale potrzebuję waszej pomocy.

Filip i Jerzy bez wahania zgodzili się. Wiedzieli, że ich misja jeszcze się nie skończyła.

Razem wyruszyli w podróż przez góry i doliny, przez lasy i łąki. Spotykali wiele przyjaznych stworzeń, które pomagały im w ich misji.

Każdy dzień był pełen nowych wyzwań, ale także nowych przyjaźni. Tęczuś uczył się wiele od Filipa i Jerzego, a oni od niego.

Pewnego dnia, kiedy wędrowali przez gęsty las, Tęczuś zatrzymał się nagle.

– To tutaj! – zawołał z radością. – To jest moje miejsce!

Przed nimi rozciągała się piękna dolina, pełna kolorowych kwiatów i błyszczących jezior. To był dom Tęczusia.

Filip i Jerzy wiedzieli, że ich misja dobiegła końca. Z radością, ale i smutkiem, pożegnali się z Tęczusiem.

– Zawsze będziemy cię pamiętać – powiedział Filip, ściskając swojego przyjaciela.

– I zawsze będziesz częścią naszej rodziny – dodał Jerzy.

Tęczuś obiecał, że ich nie zapomni i zawsze będą mile widziani w jego nowym domu.

Filip i Jerzy wrócili do swojego lasu, bogatsi o nowe doświadczenia i przyjaźnie. Wiedzieli, że życie jest pełne niespodzianek i każda nowa przygoda czeka tuż za rogiem.

I tak, razem, czekali na kolejne wielkie wyzwanie, gotowi na wszystko, co przyniesie im los.

The Unexpected Mission of Philip the Rabbit and George the Hedgehog

P hilip was the funniest rabbit in the whole forest. He was always hopping joyfully across the meadow, making jokes and entertaining his friends. But one day, his peaceful life was about to change forever.

It was a beautiful, sunny morning. Philip had just finished eating his favorite carrots when he heard a gentle rustle in the bushes. He leaned over to see what was happening and saw his best friend – George the Hedgehog.

"Hey, George! What's up?" Philip called out.

George looked worried and quickly ran over to Philip.

"Philip, I have something to show you," said George, pulling a small, silver key from his pocket.

Philip looked at the key with interest.

"What is this key, George?" he asked, turning it over in his paws.

"It's not just any key," George replied mysteriously. "I found it in the old oak tree by the river. I think it opens something very important."

Philip felt his heart start to race. Mysterious adventures were something that always excited him.

"We have to check it out!" he exclaimed, hopping with joy.

George just nodded. He was a bit more cautious than Philip, but he knew this adventure could be something special.

The next morning, Philip and George set off toward the old oak. The road was long and full of obstacles, but the friends supported each other and never gave up.

When they finally reached the place, they saw an old wooden chest hidden in the roots of the tree.

"This must be it!" George whispered, handing the key to Philip.

Philip, with trembling paws, put the key into the lock and turned it. The chest opened with a soft creak.

Inside the chest were carefully folded maps, old documents, and something that looked like... an egg?

"What is this?" Philip asked, amazed, holding the egg in his paws.

George went through the documents and quickly found the answer.

"This egg is magical," he explained. "According to these records, a unique creature will hatch from it, and it will need our help to find its place in the world."

Philip felt that the adventure was just beginning. Together with George, they decided to return home and take care of the egg.

For the next few days, Philip and George carefully tended to the egg. They made a warm nest for it and ensured it was always safe.

One evening, as they sat by the fire, they heard gentle cracks. The egg began to break, and soon, a small, colorful creature hatched. It had butterfly wings, bird-like paws, and eyes that sparkled like stars.

"Welcome to the world!" Philip shouted joyfully.

The new friend, named Rainbow by Philip and George, quickly became part of their little family. He was curious and full of energy, always ready for new adventures.

One day, Rainbow approached Philip and George with a serious look.

"I feel that I need to find my true place in the world," he said. "But I need your help."

Philip and George agreed without hesitation. They knew their mission wasn't over yet.

Together, they set out on a journey through mountains and valleys, through forests and meadows. They met many friendly creatures who helped them in their mission.

Every day was full of new challenges but also new friendships. Rainbow learned a lot from Philip and George, and they from him.

One day, as they wandered through a dense forest, Rainbow suddenly stopped.

"This is it!" he shouted joyfully. "This is my place!"

In front of them stretched a beautiful valley, full of colorful flowers and sparkling lakes. This was Rainbow's home.

Philip and George knew their mission was complete. With joy but also sadness, they said goodbye to Rainbow.

"We will always remember you," Philip said, hugging his friend.

"And you will always be part of our family," added George.

Rainbow promised he would not forget them and that they would always be welcome in his new home.

Philip and George returned to their forest, richer in new experiences and friendships. They knew that life was full of surprises and that every new adventure awaited just around the corner.

And so, together, they waited for the next great challenge, ready for whatever fate would bring them.

Smocza Przyjaźń Amelii i Drażka

Amelia była małą dziewczynką z dużymi marzeniami. Mieszkała w małej wiosce na skraju ogromnego lasu, który krył wiele tajemnic. Wszyscy w wiosce mówili, żeby trzymać się z dala od lasu, ale Amelia była zbyt ciekawa, by posłuchać.

Pewnego słonecznego dnia, kiedy jej rodzice byli zajęci pracą w polu, Amelia postanowiła wyruszyć na przygodę. Przemknęła przez ogród i wkroczyła w cień wielkich drzew.

Po godzinie wędrówki Amelia natknęła się na coś niesamowitego. Pośród drzew, na małej polanie, zobaczyła... smoka! Był to mały, zielony smok z ogromnymi oczami i łuskami, które lśniły w słońcu.

Amelia zamarła z wrażenia. Smok również ją zauważył i spojrzał na nią niepewnie.

– Cześć, jestem Amelia – powiedziała dziewczynka, starając się nie zdradzać swojego strachu.

Smok przekręcił głowę i odpowiedział miękkim głosem:

– A ja jestem Drażek. Co tu robisz, Amelio?

Amelia opowiedziała mu o swojej ciekawości i pragnieniu odkrywania nowych miejsc. Drażek uśmiechnął się i zaproponował, żeby razem poszli na dalszą wędrówkę.

Od tego dnia Amelia i Drażek stali się nierozłącznymi przyjaciółmi. Każdego dnia odkrywali nowe zakątki lasu, spotykali inne magiczne stworzenia i uczyli się od siebie nawzajem.

Pewnego dnia natknęli się na starą, zapomnianą jaskinię. Wewnątrz niej znaleźli skarb – nie złoto czy klejnoty, ale starą księgę pełną legend i historii.

– To jest niesamowite! – zawołała Amelia, otwierając księgę na pierwszej stronie. – Możemy nauczyć się tyle nowych rzeczy!

Drażek zgodził się, a od tej chwili ich przygody były jeszcze bardziej fascynujące, pełne zagadek do rozwiązania i tajemnic do odkrycia.

Pewnego dnia Drażek wyznał Amelii swoją największą tajemnicę. Jego rodzina, smoki, była ukryta głęboko w lesie z obawy przed ludźmi, którzy kiedyś polowali na smoki.

– Chciałbym, żebyśmy mogli żyć razem w pokoju – powiedział Drażek smutno. – Ale ludzie boją się smoków.

Amelia poczuła, że musi coś zrobić. Razem z Drażkiem postanowiła znaleźć sposób, by przekonać mieszkańców wioski, że smoki nie są groźne.

Amelia wróciła do wioski z odważnym planem. Chciała zorganizować wielkie spotkanie, na które zaprosi zarówno smoki, jak i mieszkańców wioski. Wiedziała, że to będzie trudne, ale była zdeterminowana.

Najpierw porozmawiała z rodzicami i opowiedziała im o Drażku i jego rodzinie. Byli zaskoczeni, ale widząc, jak bardzo zależy jej na przyjaźni ze smokiem, postanowili jej pomóc.

Potem Amelia odwiedziła starszyznę wioski i przedstawiła im swój plan. Początkowo byli sceptyczni, ale zgodziła się dać jej szansę.

Nadszedł dzień spotkania. Na polanie, gdzie Amelia po raz pierwszy spotkała Drażka, zebrali się wszyscy mieszkańcy wioski. Drażek przyprowadził swoją rodzinę – piękne, majestatyczne smoki o różnych kolorach łusek.

Amelia, pełna nadziei, przemówiła do zgromadzonych.

– Przyjaciele, smoki nie są naszymi wrogami. Są pięknymi i mądrymi stworzeniami, które chcą żyć w pokoju. Proszę, dajcie im szansę.

Początkowo ludzie byli pełni obaw, ale stopniowo zaczęli rozmawiać ze smokami, dzielić się opowieściami i doświadczeniami. Wkrótce strach ustąpił miejsca ciekawości i zachwytowi.

Mieszkańcy wioski zrozumieli, że smoki nie są groźne, a smoki zobaczyły, że ludzie mogą być przyjaciółmi. Amelia i Drażek patrzyli na wszystko z radością, wiedząc, że ich wysiłki przyniosły wspaniały rezultat.

Od tego dnia smoki i ludzie żyli razem w harmonii. Dzieci z wioski często bawiły się ze smokami, a dorośli współpracowali, ucząc się od siebie nawzajem.

Amelia i Drażek kontynuowali swoje przygody, wiedząc, że razem mogą pokonać każde wyzwanie. Ich przyjaźń była przykładem dla wszystkich, pokazując, że różnice mogą nas łączyć, a nie dzielić.

Amelia wyrosła na odważną i mądrą kobietę, która zawsze dążyła do pokoju i zrozumienia. Drażek, jako dorosły smok, stał się liderem swojej społeczności, zawsze gotów bronić przyjaźni między smokami a ludźmi.

Ich historia stała się legendą, opowiadaną przez pokolenia. Dzieci zasypiały, słuchając opowieści o Amelii i Drażku, marząc o własnych przygodach i przyjaźniach, które zmienią świat na lepsze.

The Dragon Friendship of Amelia and Drake

Amelia was a little girl with big dreams. She lived in a small village on the edge of a vast forest full of mysteries. Everyone in the village said to stay away from the forest, but Amelia was too curious to listen.

One sunny day, while her parents were busy working in the field, Amelia decided to embark on an adventure. She slipped through the garden and stepped into the shadow of the great trees.

After an hour of wandering, Amelia came across something amazing. Among the trees, on a small clearing, she saw... a dragon! It was a small green dragon with huge eyes and scales that glittered in the sunlight.

Amelia froze in awe. The dragon noticed her too and looked at her uncertainly.

"Hi, I'm Amelia," said the girl, trying not to show her fear.

The dragon tilted his head and replied in a soft voice:

"And I'm Drake. What are you doing here, Amelia?"

Amelia told him about her curiosity and desire to explore new places. Drake smiled and suggested they continue the walk together.

From that day on, Amelia and Drake became inseparable friends. Every day they discovered new corners of the forest, met other magical creatures, and learned from each other.

One day, they stumbled upon an old, forgotten cave. Inside, they found a treasure – not gold or jewels, but an old book full of legends and stories.

"This is amazing!" Amelia exclaimed, opening the book to the first page. "We can learn so many new things!"

Drake agreed, and from then on, their adventures were even more fascinating, full of puzzles to solve and mysteries to uncover.

One day, Drake confided his biggest secret to Amelia. His family, the dragons, had hidden deep in the forest out of fear of humans who once hunted dragons.

"I wish we could live together in peace," Drake said sadly. "But people are afraid of dragons."

Amelia felt she had to do something. Together with Drake, she decided to find a way to convince the villagers that dragons were not dangerous.

Amelia returned to the village with a bold plan. She wanted to organize a big meeting where she would invite both dragons and villagers. She knew it would be difficult, but she was determined.

First, she talked to her parents and told them about Drake and his family. They were surprised, but seeing how much she cared about her friendship with the dragon, they decided to help her.

Then Amelia visited the village elders and presented her plan. At first, they were skeptical, but they agreed to give her a chance.

The day of the meeting arrived. At the clearing where Amelia first met Drake, all the villagers gathered. Drake brought his family – beautiful, majestic dragons of various colored scales.

Amelia, full of hope, spoke to the assembled crowd.

"Friends, dragons are not our enemies. They are beautiful and wise creatures who want to live in peace. Please, give them a chance."

At first, people were full of fear, but gradually they began to talk to the dragons, sharing stories and experiences. Soon, fear gave way to curiosity and admiration.

The villagers realized that dragons were not dangerous, and the dragons saw that humans could be friends. Amelia and Drake watched it all with joy, knowing their efforts had brought a wonderful result.

From that day on, dragons and humans lived together in harmony. The village children often played with the dragons, and the adults collaborated, learning from each other.

Amelia and Drake continued their adventures, knowing they could overcome any challenge together. Their friendship was an example for all, showing that differences could unite us, not divide us.

Amelia grew into a brave and wise woman who always strove for peace and understanding. Drake, as an adult dragon, became the leader of his community, always ready to defend the friendship between dragons and humans.

Their story became a legend, told through generations. Children fell asleep listening to the tales of Amelia and Drake, dreaming of their own adventures and friendships that would make the world a better place.

Niezwykłe Wakacje Tomka i Magicznego Kota Mruczka

Tomek był zwyczajnym chłopcem, który marzył o niezwykłych przygodach. Niestety, jego wakacje zapowiadały się bardzo nudno. Mieszkał w małym miasteczku, gdzie nic się nigdy nie działo. Każdy dzień był taki sam – poranne śniadanie, nudne zabawy i ciche wieczory.

Jednak wszystko miało się zmienić pewnego letniego popołudnia, kiedy Tomek spotkał niezwykłego kota.

Tomek siedział na ławce w parku, kiedy zobaczył kota. Był to piękny, biały kot z dużymi zielonymi oczami, który podszedł do niego z gracją. Kot miauczał cicho, a jego ogon machał w powietrzu jak flagi na wietrze.

– Cześć, kocie! – powiedział Tomek, wyciągając rękę, by pogłaskać kota.

Ku jego zaskoczeniu, kot przemówił ludzkim głosem:

– Cześć, Tomku! Jestem Mruczek, magiczny kot. Czy masz ochotę na niezwykłe wakacje?

Tomek nie mógł uwierzyć własnym uszom. Magiczny kot? Czy to możliwe? Ale jego ciekawość była silniejsza niż wątpliwości.

– Tak! – zawołał. – Chcę przeżyć przygodę!

Mruczek poprowadził Tomka do starego, zapomnianego budynku na skraju miasteczka. Wewnątrz była ukryta tajemnicza brama, która błyszczała w świetle zachodzącego słońca.

– To są wrota do magicznego świata – wyjaśnił Mruczek. – Przejście przez nie zmieni twoje życie na zawsze.

Z sercem pełnym ekscytacji, Tomek przekroczył próg. Znalazł się w krainie pełnej kolorowych kwiatów, latających ryb i gigantycznych grzybów. Wszystko wyglądało jak z bajki.

W magicznym świecie, Tomek i Mruczek trafili do Królestwa Zwierząt, gdzie zwierzęta miały swoje domy, szkoły i miejsca pracy. Było to miejsce pełne radości i harmonii.

Królestwem rządził mądry lew, Król Leon. Kiedy Tomek i Mruczek dotarli do jego pałacu, zostali serdecznie przyjęci.

– Witamy w naszym królestwie, Tomku – powiedział Król Leon. – Słyszałem, że jesteś niezwykłym chłopcem. Czy chciałbyś pomóc nam w pewnej misji?

Tomek poczuł, że jego marzenie o przygodzie się spełnia. Zgodził się natychmiast.

– Oczywiście, Królu Leonie! Co mam zrobić?

Król Leon wyjaśnił, że w głębi dżungli zaginęła księga magii, która była kluczem do równowagi w Królestwie Zwierząt. Tomek i Mruczek mieli odnaleźć tę księgę i przywrócić ją do pałacu.

Z plecakiem pełnym zapasów i sercem pełnym odwagi, Tomek i Mruczek wyruszyli na swoją misję.

Dżungla była pełna niezwykłych roślin i zwierząt. Tomek i Mruczek spotykali papugi, które opowiadały zagadki, małpy, które pomagały im wspinać się na drzewa, i nawet przyjazne węże, które pokazywały im najbezpieczniejsze ścieżki.

Każdy dzień był pełen nowych wyzwań i odkryć. Tomek czuł, że jest częścią magicznego świata i nigdy nie chciałby wracać do nudnego życia w miasteczku.

Pewnego wieczoru, kiedy słońce zaczynało zachodzić, Tomek i Mruczek dotarli do starej, porośniętej winoroślami świątyni. Wewnątrz znaleźli zaginioną księgę magii, leżącą na kamiennym ołtarzu.

– To musi być to! – zawołał Tomek z radością.

Ale nie było tak łatwo. Księgi strzegł potężny strażnik – smok o złotych łuskach i ognistym oddechu.

Tomek wiedział, że siła nie pomoże im w tej sytuacji. Musiał użyć sprytu. Zbliżył się do smoka i zaczął opowiadać mu o swojej przygodzie, o przyjaźni z Mruczkiem i o tym, jak bardzo zależy mu na przywróceniu księgi do Królestwa Zwierząt.

Smok słuchał uważnie, a jego złość zaczęła ustępować. W końcu, z imponującym rykiem, zgodził się oddać księgę, pod warunkiem że Tomek i Mruczek obiecają, że zawsze będą dbać o pokój w magicznym świecie.

Z księgą magii w rękach, Tomek i Mruczek wrócili do Królestwa Zwierząt. Król Leon i wszyscy mieszkańcy powitali ich z wielką radością.

– Dziękujemy wam, Tomku i Mruczku – powiedział Król Leon. – Dzięki wam nasze królestwo znów jest bezpieczne.

Tomek czuł się jak bohater. Wiedział, że nigdy nie zapomni tych niezwykłych wakacji i przygód, które przeżył.

Nadszedł czas, aby wrócić do domu. Mruczek zaprowadził Tomka z powrotem do wrót magicznego świata. Z ciężkim sercem, ale pełen wspomnień, Tomek przekroczył próg i wrócił do swojego miasteczka.

Choć jego wakacje się skończyły, Tomek wiedział, że zawsze będzie miał miejsce w swoim sercu dla magicznego świata i przyjaciół, których tam poznał.

Tomek wrócił do szkoły z nową energią i entuzjazmem. Każdego dnia dzielił się swoimi przygodami z przyjaciółmi, a wieczorami marzył o kolejnych wakacjach, pełnych magicznych przygód.

I choć życie w miasteczku nadal było spokojne, Tomek wiedział, że magia jest wszędzie – wystarczy tylko otworzyć oczy i serce.

The Extraordinary Vacation of Tomek and the Magic Cat Mruczek

Tomek was an ordinary boy who dreamed of extraordinary adventures. Unfortunately, his vacation was shaping up to be very boring. He lived in a small town where nothing ever happened. Every day was the same – a morning breakfast, dull games, and quiet evenings.

But everything was about to change one summer afternoon when Tomek met an extraordinary cat.

Tomek was sitting on a park bench when he saw the cat. It was a beautiful white cat with large green eyes, gracefully approaching him. The cat meowed softly, and its tail swished through the air like flags in the wind.

"Hello, kitty!" Tomek said, reaching out to pet the cat.

To his surprise, the cat spoke in a human voice:

"Hello, Tomek! I'm Mruczek, the magic cat. Would you like to have an extraordinary vacation?"

Tomek couldn't believe his ears. A magic cat? Was it possible? But his curiosity was stronger than his doubts.

"Yes!" he exclaimed. "I want to go on an adventure!"

Mruczek led Tomek to an old, forgotten building on the edge of town. Inside was a hidden, mysterious gateway that shimmered in the setting sun.

"These are the gates to a magical world," explained Mruczek. "Passing through them will change your life forever."

With a heart full of excitement, Tomek crossed the threshold. He found himself in a land filled with colorful flowers, flying fish, and gigantic mushrooms. Everything looked like a fairy tale.

In the magical world, Tomek and Mruczek arrived at the Kingdom of Animals, where animals had their own homes, schools, and workplaces. It was a place full of joy and harmony.

The kingdom was ruled by a wise lion, King Leon. When Tomek and Mruczek reached his palace, they were warmly welcomed.

"Welcome to our kingdom, Tomek," said King Leon. "I have heard you are an extraordinary boy. Would you like to help us with a mission?"

Tomek felt that his dream of adventure was coming true. He agreed immediately.

"Of course, King Leon! What should I do?"

King Leon explained that a magic book, which was the key to balance in the Kingdom of Animals, had been lost deep in the jungle. Tomek and Mruczek needed to find the book and return it to the palace.

With a backpack full of supplies and a heart full of courage, Tomek and Mruczek set off on their mission.

The jungle was full of unusual plants and animals. Tomek and Mruczek encountered parrots that told riddles, monkeys that helped them climb trees, and even friendly snakes that showed them the safest paths.

Every day was filled with new challenges and discoveries. Tomek felt like he was part of a magical world and never wanted to return to the boring life in the town.

One evening, as the sun began to set, Tomek and Mruczek arrived at an old, vine-covered temple. Inside, they found the lost magic book lying on a stone altar.

"This must be it!" Tomek exclaimed with joy.

But it wasn't that simple. The book was guarded by a powerful guardian – a dragon with golden scales and a fiery breath.

Tomek knew that strength wouldn't help them in this situation. He had to use his wits. He approached the dragon and began to tell him about his adventure, his friendship with Mruczek, and how much he cared about returning the book to the Kingdom of Animals.

The dragon listened attentively, and his anger began to fade. Finally, with a mighty roar, he agreed to give up the book, on the condition that Tomek and Mruczek promised to always care for peace in the magical world.

With the magic book in hand, Tomek and Mruczek returned to the Kingdom of Animals. King Leon and all the inhabitants greeted them with great joy.

"Thank you, Tomek and Mruczek," said King Leon. "Thanks to you, our kingdom is safe again."

Tomek felt like a hero. He knew he would never forget these extraordinary vacations and the adventures he had experienced.

It was time to return home. Mruczek led Tomek back to the gates of the magical world. With a heavy heart but full of memories, Tomek crossed the threshold and returned to his town.

Although his vacation was over, Tomek knew he would always have a place in his heart for the magical world and the friends he had made there.

Tomek returned to school with new energy and enthusiasm. Every day he shared his adventures with his friends, and in the evenings, he dreamed of future vacations full of magical adventures.

And even though life in the town was still peaceful, Tomek knew that magic was everywhere – you just had to open your eyes and heart.

Kacper i Magiczne Pióro

Kacper był zwyczajnym chłopcem z nadzwyczajnym pragnieniem przeżycia prawdziwej przygody. Mieszkał w małym miasteczku, gdzie dni płynęły powoli, a życie było dość przewidywalne. Każde lato spędzał w domu, pomagając rodzicom i szukając drobnych rozrywek, które rzadko kiedy sprawiały mu prawdziwą radość.

Jednak tego lata miało się wszystko zmienić. Pewnego popołudnia, podczas porządkowania strychu, Kacper natknął się na zakurzoną skrzynię, którą pamiętał z opowieści swojej babci. Była to skrzynia pełna staroci, ale jedno z nich wyglądało szczególnie interesująco – było to piękne, złote pióro z misternie rzeźbionym piórem.

Kacper, zaintrygowany, wziął pióro do ręki. Było ono zimne i lśniące, a jego powierzchnia zdawała się mienić różnymi kolorami, jak tęcza. Kiedy chłopiec uniósł pióro, poczuł dziwne mrowienie w dłoni, a powietrze wokół niego zaczęło drżeć.

Nagle, z pióra wyskoczył świetlisty błysk i przed Kacprem pojawił się mały, figlarny duszek. Miał on zieloną skórę, duże, złote oczy i małe skrzydełka, które migotały w słońcu.

– Cześć, jestem Duszek Lumin! – zawołał duszek radośnie. – Dziękuję, że odnalazłeś moje magiczne pióro! Teraz mogę cię zabrać w niesamowitą podróż.

Kacper nie mógł uwierzyć własnym oczom. Czy to możliwe, że właśnie spotkał prawdziwego duszka? Zanim zdążył się zastanowić, Duszek Lumin pociągnął go za sobą, a cały świat wokół zaczynał się kręcić.

Kiedy Kacper otworzył oczy, znalazł się w zupełnie innym miejscu. Otaczały go majestatyczne góry, kwitnące łąki i wodospady, które błyszczały jak diamenty. To była Kraina Magii, miejsce, o którym marzył, ale które wydawało się nierealne.

– Witamy w Krainie Magii! – ogłosił Duszek Lumin. – Tutaj wszystko jest możliwe, a każdy dzień przynosi nowe przygody.

Kacper był zachwycony. Wkrótce, Duszek Lumin pokazał mu kilka niezwykłych miejsc – las pełen mówiących drzew, jeziora, które świeciły w ciemności, i góry, które mogły się poruszać. Każde miejsce było pełne cudów i tajemnic.

Podczas jednej z wycieczek, Duszek Lumin zaprowadził Kacpra do ukrytego miasta, które było domem dla elfów. Miasto było zbudowane z kryształów, a wszystkie domy były delikatnie oświetlone. Elfy były malutkie i miały skrzydełka podobne do motyli, które migotały w słońcu.

Jednak miasto wyglądało na smutne. Wszyscy mieszkańcy chodzili z ponurymi minami.

– Co się stało? – zapytał Kacper.

Elfy wyjaśniły, że zaginęła ich najcenniejsza rzecz – Magiczna Księga Elfów. Księga ta zawierała wszystkie tajemnice i historie ich ludu. Bez niej, elfy były pozbawione swojej magii i mocy.

Kacper, chcąc pomóc, zgodził się wyruszyć na poszukiwania Magicznej Księgi. Duszek Lumin był pełen entuzjazmu i obiecał pomóc mu w tej misji. Razem, ruszyli w głąb Krainy Magii, aby odkryć miejsce, gdzie mogła się znajdować księga.

Wędrując przez lasy i góry, spotkali różne magiczne stworzenia – od gadających zwierząt po olbrzymie rośliny. Każde z nich oferowało wskazówki, które prowadziły ich coraz bliżej celu.

Po długiej wędrówce, Kacper i Duszek Lumin dotarli do tajemniczego labiryntu, którego ściany były wykonane z luster. Labirynt był pełen pułapek i iluzji, a każde lustro pokazywało inną wersję rzeczywistości.

Kacper musiał użyć swojej inteligencji i odwagi, aby przejść przez labirynt. Z pomocą Duszka Lumina, udało im się znaleźć właściwą drogę i dotrzeć do końca labiryntu.

Na końcu labiryntu znajdował się stary zamek, zbudowany z czarnych kamieni, który wyglądał na opuszczony. Kacper i Duszek Lumin weszli do środka, gdzie odkryli, że zamek był zamieszkany przez Cień – złego ducha, który ukradł Magiczną Księgę.

Cień był ogromny i przerażający, ale Kacper, nie tracąc odwagi, stanął do walki. Z pomocą Duszka Lumina, udało im się pokonać Cienia i odzyskać Księgę Elfów.

Z Magiczną Księgą w rękach, Kacper i Duszek Lumin wrócili do miasta elfów. Elfy były zachwycone, gdy zobaczyły, że ich cenny skarb został odnaleziony.

Księga została włożona z powrotem na swoje miejsce, a magia miasta zaczęła znów działać. Elfy świętowały z radości, a Kacper i Duszek Lumin zostali uhonorowani jako bohaterowie.

Po wielu przygodach nadszedł czas, aby Kacper wrócił do swojego świata. Elfy przygotowały dla niego specjalny prezent – magiczne pióro, które miał zabrać ze sobą jako pamiątkę z Krainy Magii.

– Dziękuję, Kacprze, za wszystko, co zrobiłeś – powiedział Duszek Lumin. – Twoja odwaga i dobroć na zawsze będą pamiętane w Krainie Magii.

Kacper pożegnał się z nowymi przyjaciółmi i wrócił przez magiczne wrota do swojego miasteczka, czując się pełen nowych doświadczeń i wspomnień.

Po powrocie do domu, Kacper z dumą opowiadał swoim rodzicom o przygodach, które przeżył w Krainie Magii. Choć nikt mu nie wierzył, on wiedział, że każda przygoda, jaką przeżył, była prawdziwa.

Pióro, które dostał jako prezent, zawsze przypominało mu o magii i odwadze. Każdego dnia marzył o kolejnych przygodach i o tym, co jeszcze może odkryć w swoim świecie.

I choć życie w miasteczku wciąż było spokojne, Kacper wiedział, że magia jest wszędzie – wystarczy tylko otworzyć oczy i serce.

Casper and the Magic Feather

Casper was an ordinary boy with an extraordinary desire for a real adventure. He lived in a small town where days passed slowly, and life was quite predictable. Every summer, he spent his time at home, helping his parents and looking for small amusements that rarely brought him true joy.

But this summer was going to be different. One afternoon, while cleaning the attic, Casper stumbled upon a dusty chest that he remembered from his grandmother's stories. It was a chest full of old things, but one item looked particularly intriguing – a beautiful golden feather with intricate carvings.

Casper, intrigued, picked up the feather. It was cold and shiny, and its surface seemed to shimmer in various colors, like a rainbow. When the boy lifted the feather, he felt a strange tingling in his hand, and the air around him began to vibrate.

Suddenly, a brilliant flash of light burst from the feather, and a small, mischievous sprite appeared before Casper. It had green skin, large golden eyes, and tiny wings that sparkled in the sunlight.

"Hello, I'm Sprite Lumin!" the sprite exclaimed cheerfully. "Thank you for finding my magic feather! Now I can take you on an incredible journey."

Casper couldn't believe his eyes. Was it possible that he had just met a real sprite? Before he could think it over, Sprite Lumin tugged him along, and the entire world around them began to spin.

When Casper opened his eyes, he found himself in a completely different place. He was surrounded by majestic mountains, blooming meadows, and waterfalls that sparkled like diamonds. This was the Land of Magic, a place he had dreamed of but thought was unreal.

"Welcome to the Land of Magic!" announced Sprite Lumin. "Here, everything is possible, and every day brings new adventures."

Casper was mesmerized. Soon, Sprite Lumin showed him several extraordinary places – a forest full of talking trees, lakes that glowed in the dark, and mountains that could move. Each place was full of wonders and mysteries.

During one of their outings, Sprite Lumin led Casper to a hidden city that was home to the elves. The city was made of crystals, and all the houses were softly illuminated. The elves were tiny and had butterfly-like wings that shimmered in the sunlight.

However, the city looked sad. All the inhabitants walked around with gloomy faces.

"What happened?" asked Casper.

The elves explained that their most precious item had gone missing – the Magic Book of Elves. This book contained all the secrets and stories of their people. Without it, the elves were deprived of their magic and power.

Wanting to help, Casper agreed to embark on a quest to find the Magic Book. Sprite Lumin was full of enthusiasm and promised to assist him on this mission. Together, they set off into the Land of Magic to discover where the book might be.

Traveling through forests and mountains, they encountered various magical creatures – from talking animals to giant plants. Each one offered clues that led them closer to their goal.

After a long journey, Casper and Sprite Lumin reached a mysterious labyrinth with walls made of mirrors. The labyrinth was full of traps and illusions, and every mirror showed a different version of reality.

Casper had to use his intelligence and courage to navigate through the labyrinth. With Sprite Lumin's help, they managed to find the right path and reach the end of the labyrinth.

At the end of the labyrinth was an old castle made of black stones, which looked abandoned. Casper and Sprite Lumin entered the castle and discovered that it was inhabited by a Shadow an evil spirit who had stolen the Magic Book.

The Shadow was enormous and terrifying, but Casper, undeterred, stood up to fight. With Sprite Lumin's help, they managed to defeat the Shadow and retrieve the Book of Elves.

With the Magic Book in hand, Casper and Sprite Lumin returned to the elven city. The elves were overjoyed to see their precious treasure restored.

The book was placed back in its rightful place, and the city's magic began to work again. The elves celebrated with joy, and Casper and Sprite Lumin were honored as heroes.

After many adventures, it was time for Casper to return to his world. The elves prepared a special gift for him – a magical feather to take home as a memento from the Land of Magic.

"Thank you, Casper, for everything you've done," said Sprite Lumin. "Your bravery and kindness will always be remembered in the Land of Magic."

Casper bid farewell to his new friends and returned through the magic gates to his town, feeling full of new experiences and memories.

Upon returning home, Casper proudly shared his adventures with his parents. Although no one believed him, he knew that every adventure he had was real.

The feather he received as a gift always reminded him of magic and bravery. Every day, he dreamed of new adventures and what he might discover in his world.

And although life in the town remained peaceful, Casper knew that magic was everywhere – you just had to open your eyes and heart.

Zaczarowany Kapelusz

Ludwik był ośmioletnim chłopcem z zamiłowaniem do przygód. Jednak jego życie w małym miasteczku było dość przewidywalne. Każdego dnia, po szkole, Ludwik wracał do swojego pokoju, gdzie bawił się starymi zabawkami i marzył o wielkich przygodach. Miał mnóstwo książek, które opowiadały o niezwykłych miejscach i bohaterach, ale sam nigdy nie miał okazji przeżyć czegoś niezwykłego.

Pewnego dnia, podczas sprzątania strychu w domu swojej babci, Ludwik natknął się na stary, zapomniany kapelusz. Był to duży, szary kapelusz z szerokim rondem, ozdobiony kawałkiem wstążki, który wyglądał na bardzo stary i trochę zakurzony.

– Co za dziwny kapelusz – pomyślał Ludwik, przecierając go ręką. – Muszę pokazać go mamie i tacie.

Ludwik, zafascynowany znaleziskiem, postanowił wypróbować kapelusz. Włożył go na głowę i natychmiast poczuł coś dziwnego. Kapelusz zaczął lekko drżeć, a wokół Ludwika pojawiły się dziwne błyski i dźwięki.

Nagle, kapelusz zafalował i z jego wnętrza wyskoczył mały, skrzydlaty stwór o złotych oczach i zielonej skórze. Stwór wyglądał jak miniaturowy jednorożec z małymi skrzydłami.

– Witaj! – powiedział stwór radosnym głosem. – Jestem Hopsik, strażnik Zaczarowanego Kapelusza! Dzięki tobie, mogę teraz spełniać życzenia i zabierać cię w niesamowite miejsca.

Ludwik nie mógł uwierzyć w swoje szczęście. Zwykły kapelusz okazał się być magiczny, a Hopsik – prawdziwym stworem!

– Naprawdę? – zapytał Ludwik, nie mogąc ukryć ekscytacji. – Gdzie możemy się udać?

Hopsik wyjaśnił, że Zaczarowany Kapelusz potrafi przenieść ich do różnych magicznych miejsc. Razem założyli kapelusz i Hopsik powiedział:

– Przygotuj się, Ludwiku! Wylądujemy w Krainie Fantazji, gdzie marzenia stają się rzeczywistością!

W ciągu kilku chwil, Ludwik poczuł, jak wszystko wokół niego wiruje. Kiedy otworzył oczy, znalazł się w Krainie Fantazji – miejscu pełnym dziwnych roślin, kolorowych zwierząt i niesamowitych krajobrazów.

– To niesamowite! – zawołał Ludwik, patrząc na latające ryby i drzewa, które śpiewały piosenki.

Hopsik zaprowadził Ludwika do zamku w samym sercu Krainy Fantazji. Zamek był wykonany z błyszczących kryształów i wyglądał jak z bajki. W środku czekała na nich Królowa Fantazji – piękna kobieta w sukni z tęczy, z koroną, która lśniła jak gwiazdy.

– Witaj, Ludwiku – powiedziała Królowa. – Słyszałam o twojej odwadze i ciekawości. Potrzebujemy twojej pomocy. Nasza Kraina Fantazji jest zagrożona przez Złą Czarownicę, która ukradła nasz magiczny kamień. Ten kamień utrzymuje naszą krainę w równowadze. Bez niego, wszystko może się zawalić.

Ludwik poczuł się wyróżniony, ale także trochę przestraszony. Jednak jego odwaga i chęć pomocy były silniejsze niż strach.

– Oczywiście, Królowo – odpowiedział. – Pomogę wam odzyskać kamień!

Królowa Fantazji opowiedziała Ludwikowi i Hopsikowi o miejscu, gdzie czarownica mogła ukrywać kamień – o Czarnej Górze, która znajdowała się w odległej części Krainy Fantazji.

Ludwik i Hopsik wyruszyli w długą podróż przez lasy pełne magicznych stworzeń, wąwozy, w których mieszkały tajemnicze istoty, i góry, które były pokryte świecącymi kryształami. Każde z tych miejsc oferowało nowe wyzwania i przeszkody, ale także ukryte skarby i przyjaciół, którzy pomagali im w podróży.

Dotarli wreszcie do Czarnej Góry, gdzie znajdował się zamek Złej Czarownicy. Zamek był zbudowany z ciemnych kamieni i wyglądał na opuszczony i przerażający.

Kiedy weszli do środka, znaleźli się w labiryncie pułapek i zagadek. W zamku były różne pułapki – od wirujących ścian po ukryte pułapki, które mogłyby zepchnąć ich w przepaść. Ludwik musiał wykorzystać swoją inteligencję i spryt, aby przejść przez każdą przeszkodę.

Na końcu labiryntu, w głębi zamku, Ludwik i Hopsik stanęli twarzą w twarz z Złą Czarownicą. Czarownica była straszliwa – miała długie, czarne włosy, zielone oczy i potężne zaklęcia, które mogłyby zranić każdego.

Ludwik musiał stawić czoła czarownicy. W walce wykorzystał swoje umiejętności i odwagę, a także spryt, który zdobył podczas podróży. Dzięki pomocy Hopsika, udało im się przechytrzyć czarownicę i odzyskać magiczny kamień.

Z magicznym kamieniem w rękach, Ludwik i Hopsik wrócili do Krainy Fantazji. Królowa Fantazji była zachwycona, kiedy zobaczyła, że kamień został odzyskany.

– Dziękujemy ci, Ludwiku – powiedziała Królowa. – Dzięki tobie, nasza kraina znów jest bezpieczna i pełna magii. Jesteś prawdziwym bohaterem.

Ludwik czuł się dumny i szczęśliwy. Jego odwaga i determinacja przyniosły rezultat. Królowa Fantazji zorganizowała wielką uroczystość na jego cześć, a Ludwik został obdarowany złotym medalem z wizerunkiem Zaczarowanego Kapelusza.

Po wielu przygodach nadszedł czas, aby Ludwik wrócił do swojego świata. Hopsik odprowadził go do Zaczarowanego Kapelusza i pożegnał się z chłopcem.

– Dziękuję za wszystko, Ludwiku – powiedział Hopsik. – Twoja odwaga i dobroć zawsze będą pamiętane w Krainie Fantazji. Pamiętaj, że magia jest wszędzie, trzeba tylko otworzyć oczy.

Ludwik wrócił do swojego pokoju, z sercem pełnym wspomnień o fantastycznych przygodach. Kapelusz, który wciąż miał w swojej kolekcji, przypominał mu o magicznych chwilach i o odwadze, która go prowadziła.

Po powrocie do domu, Ludwik opowiadał rodzicom o swoich przygodach, ale nikt nie wierzył w jego historie. Mimo to, on wiedział, że każde przeżyte doświadczenie było prawdziwe. Kapelusz stał się dla niego symbolem odwagi i magii.

Codziennie marzył o nowych przygodach i czekał, aż znów będzie miał okazję odkrywać tajemnice świata. Wiedział, że magia jest wszędzie, a prawdziwe przygody mogą się zdarzyć w najmniej spodziewanym momencie.

The Enchanted Hat

Ludwig was an eight-year-old boy with a love for adventure. However, his life in a small town was quite predictable. Every day, after school, Ludwig would return to his room, where he played with old toys and dreamed of grand adventures. He had many books that spoke of extraordinary places and heroes, but he had never experienced anything extraordinary himself.

One day, while cleaning the attic at his grandmother's house, Ludwig stumbled upon an old, forgotten hat. It was a large, gray hat with a wide brim, adorned with a piece of ribbon, which looked very old and a bit dusty.

"What a strange hat," thought Ludwig, wiping it with his hand. "I must show it to Mom and Dad."

Intrigued by his find, Ludwig decided to try on the hat. He placed it on his head and immediately felt something odd. The hat began to tremble slightly, and strange flashes and sounds appeared around Ludwig.

Suddenly, the hat shimmered, and from inside it sprang a small, winged creature with golden eyes and green skin. The creature looked like a tiny unicorn with little wings.

"Hello!" the creature said cheerfully. "I'm Hopsik, the guardian of the Enchanted Hat! Thanks to you, I can now grant wishes and take you to incredible places."

Ludwig could hardly believe his luck. A regular hat turned out to be magical, and Hopsik was a real creature!

"Really?" Ludwig asked, unable to hide his excitement. "Where can we go?"

Hopsik explained that the Enchanted Hat could transport them to various magical places. Together, they put on the hat, and Hopsik said:

"Get ready, Ludwig! We'll land in the Land of Fantasy, where dreams come true!"

In a matter of moments, Ludwig felt everything around him spinning. When he opened his eyes, he found himself in the Land of Fantasy—a place full of strange plants, colorful animals, and amazing landscapes.

"This is amazing!" Ludwig exclaimed, looking at flying fish and singing trees.

Hopsik led Ludwig to a castle in the heart of the Land of Fantasy. The castle was made of shimmering crystals and looked like something out of a fairy tale. Inside awaited the Queen of Fantasy—a beautiful woman in a rainbow gown with a crown that sparkled like stars.

"Welcome, Ludwig," said the Queen. "I've heard of your bravery and curiosity. We need your help. Our Land of Fantasy is threatened by the Evil Witch who has stolen our magic stone. This stone keeps our land in balance. Without it, everything could fall apart."

Ludwig felt honored but also a bit scared. However, his courage and desire to help were stronger than his fear.

"Of course, Your Majesty," he replied. "I will help you retrieve the stone!"

The Queen of Fantasy told Ludwig and Hopsik about the place where the witch might have hidden the stone—Black Mountain, located in a distant part of the Land of Fantasy.

Ludwig and Hopsik embarked on a long journey through forests full of magical creatures, canyons inhabited by mysterious beings, and mountains covered in glowing crystals. Each of these places offered new challenges and obstacles but also hidden treasures and friends who helped them along the way.

They finally reached Black Mountain, where the Evil Witch's castle stood. The castle was made of dark stones and looked abandoned and frightening.

When they entered, they found themselves in a maze of traps and riddles. The castle had various traps—from spinning walls to hidden snares that could push them into chasms. Ludwig had to use his intelligence and cunning to navigate each obstacle.

At the end of the maze, Ludwig and Hopsik came face to face with the Evil Witch. The witch was terrifying—she had long black hair, green eyes, and powerful spells that could harm anyone.

Ludwig had to confront the witch. In the battle, he used his skills and courage, along with the cleverness he had gained during his journey. With Hopsik's help, they managed to outwit the witch and recover the magic stone.

With the magic stone in hand, Ludwig and Hopsik returned to the Land of Fantasy. The Queen of Fantasy was overjoyed to see that the stone had been recovered.

"Thank you, Ludwig," said the Queen. "Thanks to you, our land is safe and full of magic again. You are a true hero."

Ludwig felt proud and happy. His bravery and determination had brought results. The Queen of Fantasy held a grand celebration in his honor, and Ludwig was given a golden medal with the image of the Enchanted Hat.

After many adventures, it was time for Ludwig to return to his world. Hopsik escorted him to the Enchanted Hat and bid farewell to the boy.

"Thank you for everything, Ludwig," said Hopsik. "Your bravery and kindness will always be remembered in the Land of Fantasy. Remember, magic is everywhere; you just need to open your eyes."

Ludwig returned to his room, with a heart full of memories of fantastic adventures. The hat he still had in his collection reminded him of magical moments and the courage that guided him.

After returning home, Ludwig told his parents about his adventures, but no one believed his stories. Nonetheless, he knew that every experience he had lived was real. The hat became a symbol of courage and magic for him.

Every day, he dreamed of new adventures and waited for the chance to explore the secrets of the world again. He knew that magic was everywhere and that true adventures could happen at the least expected moment.

Śpiewający Lisek i Tajemnica Zaczarowanego Lasu

W małym, spokojnym miasteczku o nazwie Brzozowa Górka, mieszkał chłopiec o imieniu Maciek. Maciek był znany w całej okolicy ze swojej wielkiej wyobraźni i zamiłowania do przygód. Pewnego letniego popołudnia, gdy słońce świeciło jasno, a wiatr kołysał liśćmi drzew, Maciek postanowił odkryć coś niezwykłego.

Szedł w kierunku pobliskiego lasu, który zawsze wydawał mu się tajemniczy i pełen zagadek. Maciek uwielbiał wyzwania i marzył o wielkich przygodach. Dziś czuł, że to może być dzień, kiedy wreszcie znajdzie coś magicznego.

Gdy wszedł do lasu, dostrzegł, że wszystko wydawało się inne niż zwykle. Liście na drzewach błyszczały w słońcu jak złote monety, a powietrze pachniało świeżością i obietnicą przygód. Maciek podążał za tajemniczym dźwiękiem, który brzmiał jak delikatne śpiewanie.

Dźwięk prowadził Maćka głębiej w las, aż dotarł do małej polany. Na środku polany stał lisek, który wyglądał jakby dopiero co wyszedł z bajki. Miał ognisty, rudawy futerko, a jego oczy błyszczały jak gwiazdy. Lisek siedział na kamieniu i śpiewał piękną, melodyjną piosenkę.

Maciek stanął jak zaczarowany, wsłuchując się w cudowny śpiew liska. Lisek śpiewał o przygodach, które czekały w głębi lasu, o magicznych miejscach i niezwykłych stworzeniach.

– Cześć! – zawołał Maciek, nie mogąc się powstrzymać od zachwytu. – Jesteś niesamowity! Skąd umiesz tak pięknie śpiewać?

Lisek przestał śpiewać i spojrzał na Maćka z uśmiechem.

– Witaj! Nazywam się Kazio. Jestem śpiewającym lisem i jestem tutaj, aby pilnować tajemniczego lasu – powiedział Kazio. – Cieszę się, że mnie znalazłeś. Tylko nieliczni ludzie wiedzą o moim istnieniu.

Maciek poczuł, że to spotkanie jest wyjątkowe.

– Co sprawia, że ten las jest taki tajemniczy? – zapytał Maciek.

Kazio zeskoczył z kamienia i usiadł obok Maćka.

– Las ten skrywa wiele sekretów i magii – wyjaśnił Kazio. – Ale najważniejszym sekretem jest Zaczarowany Kamień, który daje lasowi jego magiczną moc. Od kilku dni ten kamień zniknął i las zaczyna tracić swoją magię.

Maciek poczuł, że nie może pozwolić, by magiczny las stracił swoją moc. Postanowił pomóc Kazikowi w odnalezieniu Zaczarowanego Kamienia. Razem wyruszyli w głąb lasu, śladami, które prowadziły do ukrytych zakątków.

Wkrótce natrafili na małą wioskę zamieszkałą przez różne leśne stworzenia – wróżki, krasnoludki i mówiące drzewa. Każde z nich miało swoją historię o tym, co działo się z kamieniem, ale żadne nie wiedziało, gdzie dokładnie go znaleźć.

– Musimy udać się do Magicznej Kaskady – powiedział Kazio. – To miejsce, które zazwyczaj jest strzeżone przez starego trolla. Może on coś wie o zniknięciu kamienia.

Podróż do Magicznej Kaskady była pełna przygód. Maciek i Kazio musieli przejść przez most zrobiony z pajęczyn, przeskoczyć przez rzekę pełną kolorowych ryb i wspiąć się na strome klify. Każde wyzwanie zbliżało ich do celu, ale także wymagało sprytu i odwagi.

Kiedy dotarli do Magicznej Kaskady, zobaczyli, że woda spadała w postaci tęczy, a wokół unosiły się małe, świecące motyle. Na brzegu kaskady siedział stary troll, który miał długą, siwą brodę i nosił zieloną pelerynę.

– Witaj, trollu – zawołał Kazio. – Szukamy Zaczarowanego Kamienia. Czy masz jakieś informacje na jego temat?

Troll spojrzał na Maćka i Kazia z zaciekawieniem.

– Zaczarowany Kamień? – mruknął troll. – Owszem, widziałem go. Przypadkowo znalazł się w mojej kolekcji skarbów. Ale zanim oddam go z powrotem, musicie przejść przez próbę, która sprawdzi waszą odwagę i inteligencję.

Troll postawił przed Maćkiem i Kazikiem trzy zagadki, które musieli rozwiązać, aby zdobyć Zaczarowany Kamień. Pierwsza zagadka była o ukrytych skarbach, druga o dawnych legendach, a trzecia o tajemniczym miejscu w lesie.

Maciek i Kazio, używając swojej mądrości i współpracy, rozwiązali zagadki. Troll był pod wrażeniem i zgodził się oddać kamień.

– Gratulacje – powiedział troll. – Zaczarowany Kamień jest wasz. Użyjcie go mądrze.

Maciek i Kazio wrócili do lasu z Zaczarowanym Kamieniem. Kiedy umieścili kamień w jego miejscu, las zaczął błyszczeć nową magią. Drzewa zaczęły szumieć radośnie, kwiaty zakwitły w niezwykłych kolorach, a zwierzęta wróciły do swoich codziennych zajęć.

– Dziękuję, Maćku – powiedział Kazio, śpiewając radośnie. – Dzięki tobie las znów jest pełen magii.

Maciek poczuł się szczęśliwy, widząc jak las ożywa. Czuł, że jego przygoda była spełnieniem marzeń.

Nadszedł czas, by wrócić do domu. Kazio i Maciek pożegnali się na polanie, gdzie się spotkali.

– Będę tęsknił za tobą, Kazio – powiedział Maciek. – Dziękuję za tę niesamowitą przygodę.

– Ja również – odpowiedział Kazio. – Pamiętaj, że magia jest wszędzie, trzeba tylko umieć ją dostrzec.

Maciek wrócił do swojego miasteczka z sercem pełnym wspomnień. Opowiadał rodzinie i przyjaciołom o swoich przygodach, ale nikt nie mógł uwierzyć, że wszystko było prawdziwe.

Choć życie w Brzozowej Górce wróciło do normy, Maciek wiedział, że magia i przygody są zawsze w zasięgu ręki, jeśli tylko będziemy mieć odwagę, by ich szukać.

The Singing Fox and the Secret of the Enchanted Forest

In a small, quiet town called Brzozowa Górka, lived a boy named Maciek. Maciek was known throughout the area for his great imagination and love of adventures. One summer afternoon, with the sun shining brightly and the wind rustling the leaves, Maciek decided to discover something extraordinary.

He walked towards the nearby forest, which always seemed mysterious and full of secrets. Maciek loved challenges and dreamed of grand adventures. Today, he felt that it might be the day he would finally find something magical.

As he entered the forest, he noticed that everything seemed different than usual. The leaves on the trees glistened in the sunlight like golden coins, and the air smelled fresh and full of promise. Maciek followed a mysterious sound that seemed to be a delicate singing.

The sound led Maciek deeper into the forest until he reached a small clearing. In the middle of the clearing stood a fox that looked as if it had just stepped out of a fairy tale. It had fiery, reddish fur, and its eyes sparkled like stars. The fox was sitting on a rock and singing a beautiful, melodious song.

Maciek stood spellbound, listening to the wonderful singing of the fox. The fox sang about adventures waiting deep in the forest, about magical places, and extraordinary creatures.

"Hello!" Maciek called out, unable to contain his admiration. "You are amazing! How do you sing so beautifully?"

The fox stopped singing and looked at Maciek with a smile.

"Hello! My name is Kazio. I am the singing fox, and I am here to watch over the enchanted forest," said Kazio. "I'm glad you found me. Only a few people know about my existence."

Maciek felt that this meeting was special.

"What makes this forest so mysterious?" asked Maciek.

Kazio hopped down from the rock and sat next to Maciek.

"This forest hides many secrets and magic," Kazio explained. "But the most important secret is the Enchanted Stone, which gives the forest its magical power. For a few days now, this stone has disappeared, and the forest is starting to lose its magic."

Maciek felt that he couldn't let the magical forest lose its power. He decided to help Kazio find the Enchanted Stone. Together, they set off deeper into the forest, following the clues that led to hidden corners.

Soon they came across a small village inhabited by various forest creatures – fairies, gnomes, and talking trees. Each of them had a story about what had happened to the stone, but none knew exactly where to find it.

"We need to go to the Magical Waterfall," said Kazio. "It's a place usually guarded by an old troll. Perhaps he knows something about the stone's disappearance."

The journey to the Magical Waterfall was full of adventure. Maciek and Kazio had to cross a bridge made of spider webs, leap over a river full of colorful fish, and climb steep cliffs. Each challenge brought them closer to their goal but also required cleverness and courage.

When they reached the Magical Waterfall, they saw the water falling in the form of a rainbow, and tiny glowing butterflies hovered around. On the edge of the waterfall sat an old troll with a long, gray beard and a green cloak.

"Greetings, troll," Kazio called out. "We are looking for the Enchanted Stone. Do you have any information about it?"

The troll looked at Maciek and Kazio with curiosity.

"The Enchanted Stone?" the troll muttered. "Yes, I've seen it. It accidentally ended up in my collection of treasures. But before I return it, you must pass a test to prove your bravery and intelligence."

The troll presented Maciek and Kazio with three riddles they had to solve to obtain the Enchanted Stone. The first riddle was about hidden treasures, the second about ancient legends, and the third about a mysterious place in the forest.

Using their wisdom and teamwork, Maciek and Kazio solved the riddles. The troll was impressed and agreed to return the stone.

"Congratulations," said the troll. "The Enchanted Stone is yours. Use it wisely."

Maciek and Kazio returned to the forest with the Enchanted Stone. When they placed the stone in its rightful place, the forest began to shine with new magic. The trees started rustling joyfully, flowers bloomed in extraordinary colors, and animals returned to their daily routines.

"Thank you, Maciek," said Kazio, singing happily. "Thanks to you, the forest is magical again."

Maciek felt happy seeing the forest come to life. He knew that his adventure was the fulfillment of his dreams.

It was time to go home. Kazio and Maciek said goodbye in the clearing where they first met.

"I'll miss you, Kazio," Maciek said. "Thank you for this incredible adventure."

"I will miss you too," Kazio replied. "Remember, magic is everywhere, you just have to learn to see it."

Maciek returned to his town with a heart full of memories. He shared his adventures with his family and friends, but no one could quite believe that it was all real.

Though life in Brzozowa Górka returned to normal, Maciek knew that magic and adventures were always within reach if only we have the courage to seek them.